Grands Événements | numéro 32

LE DROIT DE VOTE DES FEMMES EN FRANCE

— Un événement clé passé sous silence

par Rémi Spinassou

50MINUTES

Avec la collaboration de Mathieu Beaud

LE DROIT DE VOTE
DES FEMMES EN FRANCE

- **Quand ?** Les Françaises ont obtenu le droit de vote le 21 avril 1944.
- **Contexte ?**
  - La libération de la France.
  - La préparation d'un projet de transition politique et de reconstruction de la société.
- **Protagonistes principaux ?**
  - Fernand Grenier, homme politique français (1901-1992).
  - L'Assemblée consultative provisoire.
  - Le Comité français de la Libération nationale.
- **Répercussions ?**
  - L'intégration des femmes dans le suffrage universel et le lent apprentissage de ce nouveau droit.
  - La reconnaissance du droit des femmes à se faire élire à des fonctions politiques malgré une faible représentation dans les institutions durant les années suivantes.

Le 24 mars 1944, Fernand Grenier (1901-1992), membre communiste de l'Assemblée consultative provisoire d'Alger, introduit un amendement afin d'instaurer le droit de vote des femmes. L'assemblée, composée de partisans de la République, adopte la proposition par 51 voix contre 16. Un mois plus tard, le 21 avril, une ordonnance du Comité français de la Libération nationale, co-présidé par Charles de Gaulle (1890-1970), pose les bases de l'organisation des pouvoirs publics après la Libération. L'article 17 du texte stipule que « les femmes sont électrices et éligibles dans les mêmes conditions que les hommes ». Ces dernières voteront donc pour la première fois aux élections municipales d'avril 1945.

Cette avancée intervient après un siècle et demi de débats sur la place à accorder aux femmes dans la société civile et leur aptitude à exercer pleinement un rôle de citoyenne. Elle n'est donc pas à considérer comme un fait isolé ; elle s'inscrit dans une évolution dont les origines remontent à la Révolution (1789). De même, l'affirmation de l'égalité politique entre hommes et femmes ne doit pas cacher une réalité plus contrastée. En effet, le droit de vote accordé aux femmes constitue moins un aboutissement qu'une étape, certes importante, dans la longue histoire des débats et des luttes visant à instaurer une égalité réelle entre les deux sexes au sein de la société.

Alors que certains pays l'ont accordé très tôt, comme c'est le cas de l'Australie (1901) ou de l'Angleterre (1928), où les suffragettes se sont férocement battues, d'autres ne l'ont octroyé que tardivement, comme c'est le cas de l'Arabie saoudite (2015). Le sujet reste donc d'actualité et la situation française peut être rapprochée de celle d'autres pays européens.

CONTEXTE

UN SUJET LONGTEMPS DÉBATTU

Si la Révolution est le théâtre de débats importants sur la citoyenneté et le suffrage universel, il est rapidement admis que ces droits ne doivent concerner que les hommes. La controverse sur le suffrage et la citoyenneté ressurgit régulièrement durant le siècle suivant, au gré de l'instabilité politique et des changements de régime successifs, mais la reconnaissance de ces principes pour les femmes reste une revendication très minoritaire. C'est sous la monarchie de Juillet (1830-1848) que les premières protestations apparaissent. L'idée d'une égalité entre hommes et femmes se retrouve notamment dans les différents courants du socialisme utopique, essentiellement chez les saint-simoniens et les fouriéristes. C'est Flora Tristan (féministe et socialiste française, 1803-1844), pour qui la défense des droits des femmes va de pair avec celle de la cause ouvrière, qui incarne le mieux le militantisme féminin de l'époque.

La révolution de 1848 et l'instauration du suffrage universel relancent la question du droit des femmes à la citoyenneté. Des groupes de militantes revendiquent l'obtention de droits politiques égaux à ceux des hommes, mais leurs arguments ne trouvent guère d'écho chez les républicains. Même George Sand (1804-1876), alors considérée comme l'incarnation même de la femme libre et indépendante, prend ses distances avec ces revendications, considérant que la priorité doit être donnée aux droits civils (droit au travail, au divorce, à l'éducation, etc.) et non aux droits politiques. Parmi les députés socialistes, seul Victor Considerant (1808-1893) propose l'instauration du vote des femmes.

La même question resurgit sous la Troisième République (1870-1940), d'abord par le biais d'Hubertine Auclert (1848-1914). Dès la fin des années 1870, celle-ci milite activement pour l'égalité entre hommes et femmes, et encourage ces dernières à se présenter aux élections, même sans y être autorisées. En 1909 est créée l'Union française pour le suffrage des femmes (UFSF), qui comptera entre 10 000 et 15 000 membres dès 1914. Sa figure de proue, Cécile Brunschvicg (1877-1946), souhaite comme beaucoup de féministes se différencier des pratiques des suffragettes anglaises, dont les actions sont jugées trop radicales. Elle met l'accent sur l'identité naturelle propre aux femmes, ainsi que sur leurs spécificités, qui les rendent selon elle susceptibles d'apporter de nouvelles idées à la République (notamment sur les questions sociales, morales et familiales). Le suffragisme gagne peu à peu du terrain et séduit les milieux catholiques, entre autres, ce qui accentue la méfiance des républicains anticléricaux.

Dans les premières années du XXe siècle, divers projets de loi tentent d'améliorer la situation politique des Françaises, notamment pour les élections locales, sans déboucher sur des avancées concrètes. De nouveaux espoirs apparaissent en 1919, lorsque l'Assemblée nationale vote à une large majorité le droit de vote pour les femmes dans les mêmes conditions que les hommes. Mais là encore, la démarche n'aboutit pas puisque le projet est rejeté par le Sénat. Les femmes profitent certes d'une amélioration de leur situation dans différents domaines, mais la question du droit de vote reste bloquée.

Durant l'entre-deux-guerres, le mouvement féministe gagne en influence, y compris auprès des différents partis politiques, notamment grâce à son pacifisme et à sa non-remise en cause des valeurs familiales traditionnelles : pour beaucoup de féministes, il est du devoir des femmes d'avoir des enfants et l'avortement ne peut être justifié. Rares sont celles qui, comme Madeleine Pelletier (1874-1939), remettent en cause les valeurs bourgeoises de l'époque. Dans les années trente toutefois, ce féminisme modéré est remis en cause par Louise Weiss (1893-1983). Celle-ci crée en 1934 l'association La Femme nouvelle et tente de bousculer les mentalités par des actions plus radicales : elle organise par exemple un rassemblement de femmes enchaînées sur la place de la Bastille et présente une candidature symbolique aux élections municipales de 1935. Son image tranche avec celle d'une Cécile Brunschvicg, dont la respectabilité politique lui permet de devenir secrétaire d'État à l'Éducation nationale dans le Gouvernement de Léon Blum (1872-1950). La même année, l'Assemblée nationale vote pour la deuxième fois en deux ans à la quasi-unanimité le droit de vote pour les femmes. Mais le Sénat rejette à nouveau le projet.

LA LUTTE DES SUFFRAGETTES EN GRANDE-BRETAGNE

À la différence de la France, la Grande-Bretagne instaure le droit de vote pour les femmes en plusieurs étapes. En 1869, les femmes qui répondent aux critères du suffrage censitaire (en s'acquittant d'un impôt) obtiennent le droit de vote pour les élections municipales. En 1918, celles qui ont atteint l'âge de 30 ans se voient autorisées à voter pour les élections nationales. Mais ce n'est qu'en 1928 qu'elles deviennent éligibles et qu'elles peuvent voter dans les mêmes conditions que les hommes, c'est-à-dire à partir de 21 ans. Si, au cours de cette période, plusieurs mouvements féministes tentent d'étendre les droits politiques des femmes, il faut attendre le début du XXe siècle pour que la lutte prenne une tournure plus radicale. En 1903, Emmeline Pankhurst (1858-1928) fonde l'Union politique et sociale des femmes, une association qui entend lutter en faveur des droits politiques des femmes de manière bien plus offensive que ce que faisait jusque-là l'Union nationale pour le suffrage des femmes, un autre groupe féministe dirigé par Millicent Fawcett (1874-1929). C'est alors qu'apparaît le terme de « suffragettes » pour désigner ces militantes qui prônent une action radicale pour obtenir le droit de vote. Les années qui suivent voient l'organisation de plusieurs manifestations spectaculaires qui se concluent fréquemment par l'arrestation de certaines participantes. Leur volonté est tellement forte que plusieurs d'entre elles n'hésitent pas à entamer des grèves de la faim depuis leur cellule et se voient nourrir de force par les autorités. Les événements prennent une tournure dramatique en 1913, lors d'une course hippique à Epsom, quand la suffragette Emily Davison (1872-1913) pénètre sur la piste et se fait heurter par un cheval appartenant au roi George V (1865-1936). Elle succombe à ses blessures quelques jours plus tard, sans que l'on ait pu connaître les motivations exactes de son geste.

Mouvement des suffragettes à Kingsway en 1911.

La Première Guerre mondiale (1914-1918) brise l'unité du mouvement féministe, bon nombre de suffragettes participant spontanément à l'effort de guerre. Le retour à la paix et l'obtention du droit de vote pour les femmes âgées de 30 ans et plus contribuent ensuite à le dissiper encore davantage.

UNE CONDITION FÉMININE QUI ÉVOLUE TOUT EN RESTANT PRÉCAIRE

En 1944, le droit de vote et d'éligibilité des femmes intervient dans le contexte de la fin de la guerre et de la Libération. Bien que les mouvements féministes soient demeurés à l'écart des réseaux de la Résistance, bon nombre de femmes, célèbres ou anonymes, s'y sont fortement impliquées. Les institutions de transition mises en place à la Libération voient d'ailleurs l'arrivée de plusieurs résistantes à des postes à responsabilités, comme c'est le cas de Lucie Aubrac

(1912-2007), responsable de la supervision des Comités départementaux de Libération, ou de Raymonde Fiolet (1914-1946), nommée maire de Soisson en 1944.

En 1946, les députés font apparaître dans le préambule de la Constitution de la Quatrième[e] République l'égalité des sexes. Mais l'obtention de ce droit, bien que résonnant aujourd'hui comme une avancée capitale dans l'histoire de la République, est presque un non-événement dans une France dévastée et confrontée à des problèmes plus importants tels que la gestion de l'épuration, la reconstruction ou encore le ravitaillement.

Aussi la situation des femmes dans la France d'après 1945 est-elle paradoxale. Alors même qu'elles font un pas décisif vers l'émancipation civique, leur situation sur le plan social et professionnel ne progresse guère. Au contraire. L'historienne Michèle Riot-Sarcey souligne que si, en 1946, 45 % de femmes étaient actives et salariées en France – contre 88 % chez les hommes –, il n'y en a plus que 38 % en 1954. Cette chute peut notamment s'expliquer par les traces laissées par certaines lois du régime de Vichy (1940-1944). Développant une forte politique nataliste, ce dernier a mis en place toute une série de mesures visant à cantonner les femmes à leur rôle de mère au foyer : les fonctions publique et parapublique étaient interdites aux femmes mariées, le droit au divorce était restreint, l'avortement était réprimé – et pouvait même être passible de la peine capitale – et le métier de mère était largement promu par la société. Bien que la Libération apporte un souffle nouveau à l'organisation sociale du pays, la volonté de favoriser la natalité est toujours très présente. Elle se traduit essentiellement par la mise en place du quotient familial, puis de l'allocation familiale, de l'allocation de maternité et de l'allocation prénatale, dans le cadre de la sécurité sociale récemment créée.

Ces mesures sont largement soutenues par les organisations féministes, dont le profil est en mutation par rapport à celui des mouvements d'avant-guerre. Il s'agit moins, à présent, de prôner la reconnaissance d'une identité féminine propre que de mettre en avant l'importance des femmes dans la reconstruction de la société, en revendiquant les valeurs de la Résistance (le courage et le sens du sacrifice). Une organisation comme l'Union des femmes françaises (UFF), proche du Parti communiste français (PCF), en est un bon exemple : rejetant explicitement l'idéal des mouvements féministes d'avant-guerre, elle s'intéresse aux problèmes concrets que rencontrent les femmes – et particulièrement les mères –, c'est-à-dire le ravitaillement de leur famille et l'éducation de leurs enfants. Comptant dans ses rangs des résistantes et d'anciennes déportées, l'UFF connaît un succès fulgurant à la fin de la guerre, passant de 180 000 adhérentes en 1944 à 627 000 un an plus tard. Cette popularité peut s'expliquer par la proximité de l'organisation avec le PCF, qui devient à cette époque pionnier en matière de représentation féminine : plus de la moitié des femmes élues députées en 1946 – lesquelles ne forment encore qu'une petite partie de l'Assemblée – est liée au parti communiste.

UNE EUROPE EN MUTATION

La situation des Françaises est comparable à celle de leurs voisines européennes. En cette période d'effondrement de plusieurs régimes totalitaires, d'autres pays se dotent d'une constitution qui reconnaît l'égalité entre hommes et femmes dans tous les domaines. C'est le cas de l'Italie en 1947, puis de la république fédérale d'Allemagne en 1949, soit un an après l'inscription du principe dans la Déclaration universelle des droits de l'homme.

Au-delà de ces grands textes qui illustrent surtout un idéal, l'obtention par les femmes de droits politiques similaires à ceux des hommes se fait de manière très disparate selon les pays. Ces acquis sont plus précoces dans les pays anglo-saxons et dans le Nord de l'Europe, dont le droit est plus libéral. Dès le début des années vingt, les droits politiques des femmes sont instaurés dans tous les pays scandinaves, de même qu'en Irlande (1918), en Allemagne (1919), puis au Royaume-Uni (1928).

Le fait que certains pays, à l'image de la France, retardent l'adoption de ces mesures, peut s'expliquer de différentes manières. Tout d'abord, l'influence du Code civil – qui prive les femmes mariées de tous droits juridiques en les plaçant sous la responsabilité de leur mari – constitue un frein important à une reconnaissance de l'égalité entre les sexes. Le retard se justifie également par l'influence de la religion catholique, encore très présente dans certains pays comme l'Italie où le droit de vote n'est concédé aux femmes qu'en 1945, mais aussi en Espagne et au Portugal, où l'accord très tardif de ce droit – dans les années soixante-dix – s'explique en outre par le maintien de régimes totalitaires.

En France, l'argument religieux est souvent utilisé sous la Troisième République, mais de manière négative : ce sont les anticléricaux qui le mettent en avant, craignant que les comportements électoraux des femmes soient trop influencés par la religion catholique et favorisent de ce fait un retour de ses représentants dans les affaires politiques.

FERNAND GRENIER, HOMME POLITIQUE FRANÇAIS

Originaire de Tourcoing, Fernand Grenier devient membre du parti communiste au début des années vingt et député de la Seine en 1937. Il occupe ce poste jusqu'en 1940, date à laquelle il est déchu, avant d'être arrêté et emprisonné pour avoir réactivé les organisations communistes. Il s'évade en 1941 et rejoint Londres deux ans plus tard, où il devient le délégué du parti communiste auprès du général de Gaulle. Il est ensuite membre de l'Assemblée consultative provisoire, au sein de laquelle il propose l'amendement visant à instaurer le droit de vote des femmes. En avril 1944, il intègre le Comité français de la Libération nationale (CFLN), où il est nommé par de Gaulle au poste de commissaire de l'Air. Après la guerre, il redevient député de la Seine, un poste qu'il occupe jusqu'en 1968. Il est l'auteur de plusieurs livres sur ses souvenirs de guerre, ainsi que d'un ouvrage plus polémique, écrit en 1950, dans lequel il fait l'éloge de l'URSS de Joseph Staline (1878-1953). Il meurt en 1992 à Saint-Denis.

LE COMITÉ FRANÇAIS DE LIBÉRATION NATIONALE

Le CFLN est créé à Alger le 3 juin 1943 par les généraux Charles de Gaulle et Henri Giraud (1879-1949), qui en seront pendant quelques mois les coprésidents, avant que le premier n'écarte le second. Le but du comité est de fusionner les deux autorités de la France combattante – celle de Londres, dirigée par de Gaulle, et celle d'Alger, coordonnée par Giraud. Le CFLN est composé de commissaires dont le nombre évolue progressivement, passant de 5 à 17, chacun étant responsable d'un domaine spécifique (affaires étrangères, armement, commerce, justice, etc.). Le comité est officiellement reconnu par la Grande-Bretagne, les États-Unis et l'URSS en août 1943. Le 3 juin 1944, un an après sa création, il cesse d'exister pour donner naissance au Gouvernement provisoire de la République française.

L'ASSEMBLÉE CONSULTATIVE PROVISOIRE

L'Assemblée consultative provisoire est créée en septembre 1943 par une ordonnance du CFLN. Elle a pour objectif de réunir des représentants de la Résistance et d'anciens parlementaires afin de former une représentation aussi diverse que possible de ce que peut être l'opinion nationale en cette période. D'abord composée de 84 membres, puis de 103, elle est élargie à 248 fauteuils suite à son transfert d'Alger à Paris en octobre 1944. Son rôle auprès du CFLN est avant tout consultatif et concerne l'ensemble des problèmes politiques qui se posent en France, dans un contexte qui va bientôt voir la libération du territoire national. Conformément à sa vocation provisoire, elle cesse de siéger en octobre 1945 au profit d'une Assemblée constituante.

LE DROIT DE VOTE DES FEMMES EN FRANCE

LES AMBIGUÏTÉS D'UN PRINCIPE ANCIEN

La mise en œuvre du droit de vote des femmes en France répond à une conception particulière du suffrage universel et de la notion de citoyenneté. En effet, depuis la Révolution, la citoyenneté est conçue dans le modèle français comme un tout, ce qui suppose l'absence de différenciation entre les individus. Ces derniers sont dès lors perçus comme équivalents et ne peuvent en aucun cas être divisés en différents corps selon certaines particularités : c'est la notion d'individu abstrait mise en avant par l'historien Pierre Rosanvallon. Les institutions ne reconnaissent donc pas les femmes comme un corps électoral distinct, à la différence de l'Angleterre où leur accès au suffrage équivaut justement à une reconnaissance de leur spécificité. La mise en place du droit de vote pour les femmes françaises se fait alors par leur assimilation aux principes républicains préexistants. Les électrices votent donc dans les mêmes bureaux que les hommes et sont inscrites sur le même registre, à la différence de l'Italie qui opte au même moment pour le double registre. Cet universalisme rompt avec les positions des grandes figures du féminisme de l'entre-deux-guerres, qui mettaient l'accent sur une identité politique particulière aux femmes, basée sur des valeurs perçues comme leur étant propres (sagesse, attachement à la paix, etc.), mais aussi avec les positions du régime de Vichy, lequel avait opéré une forte différenciation identitaire des deux sexes. Notons toutefois que cet universalisme n'empêche pas la mise en place à titre expérimental d'une urne spécifiquement féminine dans trois villes de France : Vienne, Grenoble et Belfort. Cette expérience, qui a pour but d'étudier l'existence ou non de choix électoraux proprement féminins, se prolonge sur une période plus ou moins longue dans chacune de ces trois villes.

1848-1944 : UN DÉCALAGE EXCEPTIONNEL ENTRE SUFFRAGES MASCULIN ET FÉMININ

Les raisons habituellement admises pour expliquer la période de près d'un siècle qui sépare, en France, l'instauration du droit de vote des hommes et celui des femmes sont la faiblesse des mouvements suffragistes et la forte influence de la religion. Toutefois, sans être fausses, ces explications ne peuvent suffire à rendre compte d'un tel retard. Comme le souligne Pierre Rosanvallon, des pays où la démocratie était beaucoup moins avancée ont pourtant accordé le droit de vote aux femmes bien avant la France (l'Inde en 1921, la Turquie en 1934 ou les Philippines en 1937). Il en va de même pour des pays dont le catholicisme était la religion d'État (la Pologne en 1918, la Belgique en 1921 ou l'Irlande en 1922).

Selon lui, la cause de ce retard est également à chercher du côté de la conception de la citoyenneté telle qu'elle s'est historiquement établie en France. Bien qu'ayant pris part à la Révolution, les femmes ont rapidement été exclues de la citoyenneté dans les années qui ont suivi l'événement. En effet, la société moderne est largement basée sur la cellule familiale et non sur l'individu. À partir de 1804, le Code civil ancre durablement cette conception de la société. Dès lors, s'il y a citoyenneté, c'est au chef de famille qu'il revient de l'exercer. La femme, considérée comme différente de l'homme par nature, est placée sous la tutelle de ce dernier et rattachée à des fonctions spécifiques (familiales et domestiques) qui ne peuvent être confondues avec les affaires politiques. Admettre que les femmes puissent être des citoyennes au même titre que les hommes serait revenu à remettre en cause les fondements de la société telle qu'on la concevait à l'époque. Parce que la notion de citoyenneté à la française est indivisible, elle transcende tous les intérêts particuliers et l'on ne peut admettre qu'il y ait divers groupes de citoyens, de natures différentes et représentant des intérêts propres. Ensuite, parce que ce serait prendre le risque de déstructurer la cellule familiale puisque l'on admettrait que les membres qui la composent puissent chacun exprimer des choix politiques propres. En d'autres termes, ce serait faire primer le rôle de l'individu sur celui de la famille, ce à quoi on se refuse.

L'APPRENTISSAGE DU DROIT DE VOTE ET LA SENSIBILISATION AUX QUESTIONS CIVIQUES

À la fin de la guerre, 12 millions de femmes deviennent électrices et ont la possibilité de prendre part aux sept élections qui se sont tenues entre avril 1945 et novembre 1946. Bien que le sujet reste secondaire, on trouve dans la presse divers articles visant à informer les citoyennes sur les modalités du vote à l'approche des premiers scrutins (comment s'inscrire sur les listes électorales, comment se déroule le vote, etc.). D'aucuns s'inquiètent des inégalités d'accès à ces informations selon les espaces géographiques et pointent la difficulté de faire son devoir civique dans les zones reculées. Ainsi François Mauriac (écrivain français, 1885-1970) s'exprime-t-il à ce sujet dans *Le Figaro* le 12 octobre 1945 : « Combien serez-vous encore dimanche à vous désintéresser du sort du pays ? Le plus souvent, l'abstention n'a pas des raisons très compliquées. Pour les mères de famille (je l'ai constaté moi-même), éloignement du village, impossibilité de laisser les enfants seuls. » (cité par Denoyelle (Bruno), « Des corps en élections. Au rebours des universaux de la citoyenneté : les premiers votes des femmes (1945-1946) », in *Genèse*, n° 31, 1998, p. 76-98)

Les associations féminines, qu'elles soient politiques ou confessionnelles, s'attachent aussi à sensibiliser les femmes à leur nouveaux devoirs civiques. Comme le souligne Bruno Denoyelle, tant les journaux d'époque que les témoignages de celles qui furent en âge de voter à la Libération insistent sur le fait que le vote des femmes n'est pas perçu comme un droit ou une nouvelle avancée démocratique, mais comme un impératif civique, un devoir patriotique auquel il serait déshonorant de se soustraire. Pour autant, il semble que les regards sur la question varient selon les générations. C'est ce dont témoigne Lucie Aubrac, lorsqu'elle évoque le souvenir de sa mère : « Je me souviens de son irritation les dimanches d'élections avant-guerre quand mon père allait voter. Pour cette femme de Bourgogne, c'était une injustice que la Résistance avait réparée. Elle n'a jamais manqué un scrutin. Pour nous, jeunes femmes devenues majeures sur le plan civique par nos engagements sous l'Occupation, la carte d'électrice allait de soi […]. Les journalistes étaient surpris de la ferveur de nos aînées et de la désinvolture des jeunes. » (« Témoignage. Le vote des femmes », in *Matériau pour l'histoire de notre temps*, n° 39, 1995, p. 62-64)

UNE VÉRITABLE ÉMANCIPATION POLITIQUE ?

L'émancipation politique des femmes n'est pas aussi effective qu'elle n'y paraît. Comme le souligne Bruno Denoyelle, même intégrées au suffrage, ces dernières restent fortement influencées par le vote masculin. L'incidence paternelle se révèle importante, notamment pour les femmes parvenues à l'âge adulte à la Libération puisque, durant toute leur enfance, leur père était le seul à pouvoir voter au sein du foyer, c'est-à-dire le seul à avoir un réel intérêt à s'informer sur les questions politiques. Si elles ont entendu parler de ces questions au cours de leurs jeunes années, c'est donc très souvent par la voix de leur père.

Pour les plus âgées, l'influence maritale a succédé à l'influence paternelle. Le mari peut en effet jouer un rôle de médiateur sur les questions politiques car il a un accès plus aisé aux informations, que ce soit grâce à son activité professionnelle ou à son niveau d'études – généralement plus élevé que celui de son épouse, les femmes étant alors fréquemment promises à des études courtes pour se consacrer à la vie domestique. Soulignons, à la suite de Bruno Denoyelle, qu'à la Libération, 34 % des femmes ne lisent aucun quotidien contre 18 % des hommes ; pour celles qui en lisent, le choix du titre se fait le plus souvent par le mari, ce qui revient pour ce dernier à exercer une influence indirecte sur les opinions politiques de son épouse.

Enfin, à côté du poids des idées paternelles et maritales, les femmes sont également susceptibles d'être influencées par les curés, notamment dans les campagnes. Cette idée a longtemps contribué au refus par une partie de la classe politique d'ouvrir le suffrage aux femmes, les prêtres étant vus comme majoritairement acquis au vote conservateur. Jusque dans les premières années du XXe siècle, cette influence supposée était même perçue comme menaçante pour le régime républicain, celui-ci n'étant que fraîchement instauré et se développpant sur des idées nettement anticléricales. Au sortir de la Seconde Guerre mondiale, cette menace n'est plus d'actualité, mais l'Église, au même titre que les organisations politiques, cherche tout de même à encadrer le vote de ses fidèles. Cette volonté s'affiche notamment par le biais de l'Union féminine civique et sociale, une association qui incite les femmes à accomplir leur devoir de citoyennes en même temps qu'elle les encourage à se souvenir des préceptes catholiques lors de leur passage dans l'isoloir.

Bref, pour Bruno Denoyelle, les curés forment avec les pères et les époux un « triangle socialisateur » qui encadre les pratiques civiques des femmes de l'époque, empêchant leur réelle émancipation politique (DENOYELLE (Bruno), « Des corps en élections. Au rebours des universaux de la citoyenneté : les premiers votes des femmes (1945-1946) », in *Genèse*, n° 31, 1998, p. 76-98).

LA REPRÉSENTATION POLITIQUE DES FEMMES : UNE ÉVOLUTION LENTE ET ENCORE INACHEVÉE

En pratique, le droit de vote et d'éligibilité des femmes n'a pas apporté de grand bouleversement quant à la représentation politique de ces dernières. Malgré l'éphémère occupation de postes à responsabilités par des héroïnes de la Résistance durant les années 1944-1945, les femmes sont, dans un premier temps, très peu représentées sur la scène politique au cours des années d'après-guerre. Ainsi, lors des élections législatives de novembre 1946, seules 35 députées sont élues sur un total de 627 sièges. Le nombre de femmes présentes à l'Assemblée chute ensuite sensiblement jusque dans les années soixante-dix, et ce n'est qu'en 1997 que le chiffre que nous venons d'évoquer est dépassé. Cette année-là, 59 femmes deviennent députées, sur un total de 577 sièges, soit à peine plus de 10 % de l'Assemblée. Janine Mossuz-Lavau souligne que ce pourcentage reste beaucoup plus faible que chez nos voisins européens : à la fin des années quatre-vingt-dix, les parlements suédois, allemands et espagnols comptent respectivement 40 %, 26 % et 25 % de femmes.

Au 1er février 2015, la France compte 151 femmes parmi ses 577 députés, ce qui représente 26,2 % de l'Assemblée nationale. Le pays se classe ainsi au 45e rang mondial en termes de femmes élues à la Chambre basse. La première place de ce classement est détenue par le Rwanda dont l'Assemblée comprend 63,8 % de femmes. Il faut toutefois relativiser ce résultat car la chambre rwandaise est assez réduite (80 sièges seulement). De manière générale, les pays qui détiennent les cinq premières places du classement disposent tous d'une Assemblée de moins de 100 sièges, à l'exception notable de

Cuba (en 4e position) dont le Parlement comprend actuellement 299 femmes sur un total de 612 sièges, soit 48,9 % de femmes. À l'échelle européenne, la France est classée loin derrière la principauté d'Andorre (3e position mondiale, dont l'assemblée est composée de 50 % de femmes), les pays scandinaves, l'Espagne, la Belgique, les Pays-Bas, l'Allemagne, le Portugal, l'Italie, l'Autriche, la Suisse et la Slovénie. Elle se situe en revanche devant la Grèce, le Royaume-Uni, la Bulgarie, l'Estonie, la République tchèque, la Slovaquie et l'Irlande.

La proportion de femmes à l'Assemblée n'est pas le seul indicateur pour mesurer la représentation politique de ces dernières. Il faut aussi considérer leur présence dans les gouvernements, d'autant plus qu'elle n'évolue pas forcément de la même manière que leur représentation à l'Assemblée. Pendant longtemps, le pouvoir exécutif est resté presque exclusivement masculin. Seule une femme, Germaine Poinso-Chapuis (1901-1981), occupe un poste de ministre sous la Quatrième[e] République (ministre de la Santé et de la Population en 1947, et ce pendant huit mois). Il faut attendre 1974 et la nomination de Simone Veil (née en 1927) à la tête du ministère de la Santé pour voir à nouveau une femme occuper un poste aussi important. En 1991, Édith Cresson (née en 1934) est la première femme – et à ce jour, la seule – à être nommée au poste de Premier ministre. La représentation du sexe féminin dans les gouvernements successifs ne s'améliore donc que lentement. Ce n'est que dans la seconde moitié des années quatre-vingt-dix que les nominations de femmes à des postes ministériels deviennent significatives, et seulement à partir de la fin des années 2000 que l'on affiche un réel souci de parité dans la composition des gouvernements. Enfin, de nets progrès ont pu être constatés au cours de ces dernières années : en février 2014, le Gouvernement français comptait 10 femmes sur un total de 21 membres, soit une proportion de 42,7 %. Selon la fondation Robert Schuman, cela fait de la France le deuxième pays de l'Union européenne où la parité au sein du Gouvernement est la mieux respectée, le premier pays européen étant la Suède.

À l'échelle locale, des progrès ont été constatés depuis une quinzaine d'années, dus notamment à la loi de 2000 sur la parité politique. Celle-ci, prévoyant d'adapter l'aide publique versée aux partis en fonction de leur respect de la parité lors de la constitution des listes électorales, a connu des résultats plus ou moins significatifs en fonction du type d'élection. Notons enfin qu'en 2013, une loi a imposé la mise en place de binômes paritaires pour les élections départementales de mars 2015, garantissant un strict respect de la parité dans les futurs conseils départementaux.

L'ÉVOLUTION DE LA PRATIQUE ÉLECTORALE OU L'AUGMENTATION PROGRESSIVE DE LA PARTICIPATION FÉMININE

Les chiffres de la participation aux différents scrutins montrent que durant les 25 années qui ont suivi l'intégration des femmes dans le suffrage universel, l'abstention est restée nettement plus élevée chez ces dernières que chez les hommes. Seuls les scrutins de l'immédiat après-guerre ont révélé une participation à peu près égale des deux sexes, mais il faut relativiser ces résultats puisque beaucoup d'hommes, encore prisonniers, n'étaient pas rentrés en France. Leur absence n'avait d'ailleurs pas manqué d'inquiéter une partie de la classe politique, qui craignait les conséquences d'un scrutin massivement féminin, à l'heure où les choix électoraux des femmes restaient un grand mystère. Par la suite, des études menées lors des différents scrutins montrent que les femmes sont beaucoup moins nombreuses que les hommes à exercer leur droit, et ce jusqu'à la fin des années soixante, ce que Janine Mossuz-Lavau désigne comme une période d'apprentissage. Les années soixante-dix témoignent ensuite d'une augmentation de la participation féminine et d'une réduction progressive de l'écart avec celle des hommes, une tendance qui se confirme dans les années quatre-vingt. Aujourd'hui, l'écart s'est comblé, et les femmes sont aussi nombreuses que les hommes à se rendre aux bureaux de vote. Leur pratique du droit de vote a donc évolué plus rapidement que celle du droit d'éligibilité

Les raisons de cette évolution

Pour Janine Mossuz-Lavau, cette évolution peut s'expliquer par différents facteurs, parmi lesquels figure en premier lieu le niveau d'études puisque l'accession des femmes à l'enseignement supérieur a considérablement augmenté à partir de la seconde moitié du XXe siècle. En 1950, sur 125 000 étudiants en France, il n'y a que 44 000 femmes ; en 1971, on trouve 70 000 femmes de plus que d'hommes sur les bancs de l'université. L'intérêt pour la politique augmentant avec le niveau d'études, la réduction de son écart entre les hommes et les femmes peut contribuer à expliquer celle de l'écart en matière de participation électorale. Janine Mossuz-Lavau souligne d'ailleurs qu'à partir des années soixante-dix, c'est surtout chez les générations les plus âgées que l'on observe une différence de participation électorale, c'est-à-dire chez les générations dont l'écart entre le niveau d'études des époux reste élevé.

Le second facteur, qui n'est pas sans lien avec le premier, concerne l'augmentation du nombre de femmes sur le marché du travail. Celles-ci, qui représentent 34,6 % de la population active en 1954, en forment 44 % en 1991. Leur position dans la hiérarchie professionnelle s'améliore aussi puisque, de 1954 à 1989, la part des femmes dans la catégorie des cadres supérieurs et des professions libérales passe de 13,8 % à 28,8 %. Or Janine Mossuz-Lavau souligne que le travail joue sur le comportement politique des femmes, celles-ci étant à la fois plus politisées et plus enclines à porter leur choix sur tel ou tel candidat, selon leur place dans le monde du travail. L'exercice d'une activité professionnelle contribuerait donc à l'émancipation politique des femmes.

Le dernier facteur évoqué concerne le recul de l'influence religieuse. Un sondage IFOP réalisé en 1952 révèle que 52 % des femmes affirmaient se rendre à la messe tous les dimanches (contre 29 % des hommes), tandis que 40 % d'entre elles déclaraient prier quotidiennement (contre 18 % des hommes) ; en 1991, l'écart s'est considérablement réduit : 11 % des femmes et 9 % des hommes disent se rendre à l'église au moins une fois par semaine. Si cette évolution ne peut expliquer l'augmentation de la participation électorale féminine, elle peut en revanche jouer sur leurs choix électoraux.

EN RÉSUMÉ

1848	Instauration du suffrage universel en France
1909	Création de l'Union française pour le suffrage des femmes
1919	L'Assemblée nationale vote le droit de vote des femmes mais le projet est rejeté par le Sénat
1934	L'Assemblée nationale vote le droit de vote des femmes mais le projet est à nouveau rejeté par le Sénat
1944	Libération de la France
21 avr. 1944	Les Françaises obtiennent le droit de vote
Avr. 1945	Les femmes participent pour la première fois aux élections municipales
1946	L'égalité des sexes apparaît dans le préambule de la Constitution française

- Le fait que la France accorde le droit de vote aux femmes assez tardivement par rapport à certains de ses voisins européens (les pays scandinaves et anglo-saxons) peut s'expliquer par une différence de conception de la citoyenneté, la crainte d'une influence cléricale sur les femmes et l'héritage d'une conception familiale héritée du Code civil. De même, à la fin du XXe siècle, la représentation des femmes dans les instances politiques françaises reste en net recul par rapport à plusieurs autres pays d'Europe.

- En France, le droit de vote des femmes intervient après plusieurs années de débats sur la question, dans le contexte de la Libération. Il est alors perçu comme un événement de second plan par rapport aux problèmes que connaît le pays à cette époque.

- Bien que cette avancée soit une étape importante vers l'émancipation des femmes, elle est paradoxale puisque ces dernières sont confrontées à la difficulté de s'émanciper sur le plan professionnel. Cette situation est notamment due à la politique familiale du Gouvernement, laquelle débouche sur des réformes sociales certes novatrices mais incitant les femmes à se cantonner à leur rôle maternel et domestique. Ce mouvement est pourtant soutenu par les grandes associations féminines de l'époque, qui voient là une occasion pour les femmes de jouer un rôle de premier plan dans le redressement du pays en s'inspirant des valeurs de la Résistance.

- La tradition démocratique française considère la citoyenneté comme indivisible. La France ne reconnaît donc ni groupes de citoyens spécifiques ni corps électoraux particuliers. Lorsque les femmes françaises sont intégrées au suffrage, c'est au nom de l'universalité des droits et non en raison de leur spécificité, comme ce fut le cas en Angleterre.

- Les électrices sont assimilées aux normes républicaines préexistantes : elles votent dans des conditions identiques à celles des hommes, sauf lors d'expériences ponctuelles et locales visant à étudier leurs choix électoraux. L'apprentissage des modalités du vote se fait notamment par le biais de la presse et des associations féminines.

- Ce nouveau droit est davantage perçu par les femmes de l'époque comme un devoir, un impératif auquel il serait déplacé de ne pas se conformer. D'autre part, ces premières électrices n'étaient sans doute pas si émancipées qu'il y paraît, restant fortement influencées par les opinions politiques des hommes.

- Dans les années qui suivent l'obtention du droit de vote, les femmes restent très peu représentées dans les différentes institutions politiques. Cette tendance évolue lentement au fil des décennies, mais le problème de parité hommes/femmes en politique se pose encore aujourd'hui.

- Les 25 années qui suivent l'entrée des femmes dans le suffrage universel témoignent d'une tendance à l'abstention plus importante chez ces dernières que chez les hommes. Ce n'est qu'à partir des années soixante-dix que la participation féminine augmente, pour égaler progressivement celle des hommes.
- Cette participation accrue s'accompagne d'une plus grande autonomie des femmes dans leur choix électoral. Cette évolution peut s'expliquer par l'augmentation de leur niveau d'études, leur présence plus importante sur le marché du travail et le recul des pratiques religieuses.

POUR ALLER PLUS LOIN

SOURCES BIBLIOGRAPHIQUES

- AUBRAC (Lucie), « Témoignage. Le vote des femmes », in *Matériau pour l'histoire de notre temps*, n° 39, 1995, p. 62-64.
- DENOYELLE (Bruno), « Des corps en élections. Au rebours des universaux de la citoyenneté : les premiers votes des femmes (1945-1946) », in *Genèse*, n° 31, 1998, p. 76-98.
- DUBY (Georges), PERROT (Michelle) et THÉBAUD (Françoise), *Histoire des femmes en occident. Le XXe siècle*, Paris, Plon, 1992.
- FONDATION ROBERT SCHUMAN, « L'Europe aux féminin : pour une parité dans les institutions de l'Union renouvelées en 2014 », in *Question d'Europe*, n° 304, 3 mars 2014.
  http://www.robert-schuman.eu/fr/questions-d-europe/0304-l-europe-au-feminin-pour-une-parite-dans-les-institutions-de-l-union-renouvelees-en-2014
- MOSSUZ-LAVAU (Janine), « L'évolution du vote des femmes », in *Pouvoirs, revue française d'études constitutionnelles et politiques*, n° 82, 1997, p. 35-44.
- MOSSUZ-LAVAU (Janine), « Le vote des femmes en France (1945-1993) », in *Revue française de science politique*, n° 4, 1993, p. 673-689.
- RIOT-SARCEY (Michèle), *Histoire du féminisme*, Paris, La Découverte, 2002.
- ROSANVALLON (Pierre), *Le sacre du citoyen. Histoire intellectuelle du suffrage universel en France*, Paris, Gallimard, 1992.
- UNION INTERPARLEMENTAIRE, « Les femmes dans les parlements nationaux. État de la situation au 1er février 2015 », in *IPU.org*, consulté le 22 avril 2015.
  http://www.ipu.org/wmn-f/classif.htm

SOURCES COMPLÉMENTAIRES

- BONNET (Marie-Josèphe), *Histoire de l'émancipation des femmes*, Rennes, Ouest-France, 2012.
- PARK (Jihang), « Les caractéristiques des militantes britanniques pour le droit de vote des femmes au début du siècle », in *Actes de la recherche en sciences sociales*, n° 84, 1990, p. 57-62.
- FRÉVERT (Ute), « Qu'est-ce qu'être allemande ? De la polémique politique à la recherche historique », in *Vingtième Siècle*, n° 34, 1992, p. 163-174.

SOURCES ICONOGRAPHIQUES

- Portrait de Flora Tristan datant de 1838. La photo reproduite est réputée libre de droits.
- Mouvement des suffragettes à Kingsway en 1911. La photo reproduite est réputée libre de droits.

www.50minutes.com

Éditeur responsable : Lemaitre Publishing
Rue Lemaitre 6 | BE-5000 Namur
info@lemaitre-editions.com

ISBN ebook : 978-2-8062-6696-5
ISBN papier : 978-2-8062-6697-2
Dépôt légal : D/2015/12603/302
Photo de couverture : © Affiche de l'Union française pour le suffrage des femmes, 1909.

Conception numérique : Primento,
le partenaire numérique des éditeurs